SO BAUST DU POE DAMERON ZUSAMMEN

HEY, POE DAMERON! ES HEISST, DU BIST DER BESTE PILOT DES WIDERSTANDS. WAS IST DAS COOLSTE DARAN, EIN PILOT ZU SEIN?

DU MEINST AUSSER DIESEM ORANGEFARBENEN PILOTENANZUG? RAUMSCHIFFE ZU STEUERN NATÜRLICH! LASS MICH DIR ETWAS ÜBER MEINE LIEBSTEN MODELLE ERZÄHLEN ...

X-FLÜGLER

Keine andere Sternenjägerklasse ist so eindrucksvoll wie die superschnellen X-Flügler. Wie es aussieht, sind sie sogar zu schnell für ihr Spiegelbild. Sieh dir die Spiegelungen im Wasser an und finde elf Unterschiede.

WIESO FLIEGEN DIESE TYPEN UNTER UNS KOPFÜBER?!

Finn hat ein paar Fotos von Raumschiffen gemacht. Finde den Schnappschuss, der nicht aus dem großen Bild stammt.

WACH AUF, JUNGE! DAS SIND UNSERE SPIEGELBILDER!

A

B

C

D

GESCHRUMPFT IM SUMPF

Nach einer unglücklichen Bruchlandung auf dem Planeten Dagobah brauchte Luke Skywalker Hilfe. Meister Yoda musste für ihn den versunkenen X-Flügler mit der Macht aus dem Sumpf ziehen.

HIER DU HAST DEIN RAUMSCHIFF, HM. WILLKOMMEN DU BIST.

WOW! ABER MEISTER YODA, ES IST JA PATSCHNASS! WIE SOLL ICH IN DIESEM ZUSTAND NUR DAMIT FLIEGEN?

ES SEI DENN ...

... ICH BENUTZE CHEWBACCAS FÖHN, DEN ICH ZUFÄLLIG EINGEPACKT HABE!

???

DIESES RAUMSCHIFF WIRD IM NU WIEDER STAUBTROCKEN SEIN!

HM ... SCHON IMMER UNVORSICHTIG UND UNGEDULDIG DIESER JUNGE WAR.

LUKE STELLTE DEN FÖHN AUF DIE HÖCHSTE STUFE

FFFFF!

DOCH ALS ER FERTIG WAR ...

BIEP-BOOP!

WUSSTEST DU, DASS RAUMSCHIFFE BEI ZU GROSSER HITZE SCHRUMPEN KÖNNEN?

HEHE!

DER MILLENNIUM FALKE

Laut seinem letzten Besitzer Han Solo, ist der Millennium Falke das schnellste Raumschiff der Galaxis. Es ist so gebaut, dass es extrem zügig losfliegen kann. Genau das müssen unsere Helden hier auch! Hilf meinem Kumpel Finn dabei, auf den LEGO® Platten zum Falken zu klettern, bevor Rey ohne ihn losdüst.

PASS AUF, FINN! HIER LAUERN JEDE MENGE STURMTRUPPLER, DIE DICH ERWISCHEN WOLLEN. BEEIL DICH!

ZIEL

x 14

FINDE ALLE STURMTRUPPLER DER ERSTEN ORDNUNG AUF DIESER SEITE UND KREISE SIE EIN.

START

7

STERNENZERSTÖRER

Diese riesigen Raumschiffe gehören zu den mächtigsten und furchterregendsten Flugobjekten in der Galaxis. Leider hat die Imperiale Flotte sehr viele davon. Sieh dir die Umrisse der fünf Sternenzerstörer an. Ihnen fehlt ein wichtiges Detail. Vergleiche sie mit dem großen Raumschiff und markiere die fehlerhaften Stellen. Findest du alle?

WARUM IST ES IMMER SO STILL, WENN WIR FLIEGEN? DAS IST NICHT GRUSELIG GENUG. KÖNNEN WIR NICHT ETWAS SCHAURIGE MUSIK ABSPIELEN?

NEIN, DER CD-PLAYER IST KAPUTT ...

Die wuchtigen Sternenzerstörer werden meistens von einer Horde TIE-Jäger begleitet. Diesmal haben sich jedoch zwei Rebellen-Spione mit ihren X-Flüglern daruntergemischt. Kannst du sie sehen?

DIE SKLAVE I

Dies ist ein gefährliches Raumschiff, das einst einem berüchtigten Kopfgeldjäger gehört hat. Sein Sohn Boba Fett hat es seinem Geschmack angepasst und ein paar Dinge verändert. Tob dich aus und gestalte nun deine eigene *Sklave I*.

WIR BRAUCHEN TREIBSTOFF! ENTWIRRE DIE VERKNOTETEN SCHLÄUCHE UND FINDE DEN RICHTIGEN. NICHT, DASS WIR AUS VERSEHEN MIT BANTHA-MILCH VOLLTANKEN.

UPS!

A   B   C   D

DIE TANTIVE IV

Dieses Raumschiff beförderte Prinzessin Leia bei einer gefährlichen Mission. Mit an Bord waren zwei Droiden und die geheimen Pläne des Todessterns. Kannst du herausfinden, wo sich die Szenen abspielen? Trage die passenden Buchstaben in die Felder des jeweils richtigen Bildausschnitts ein. (Mein Tipp: Zwei Szenen gehören zum selben Raumschiff.)

A

B

C

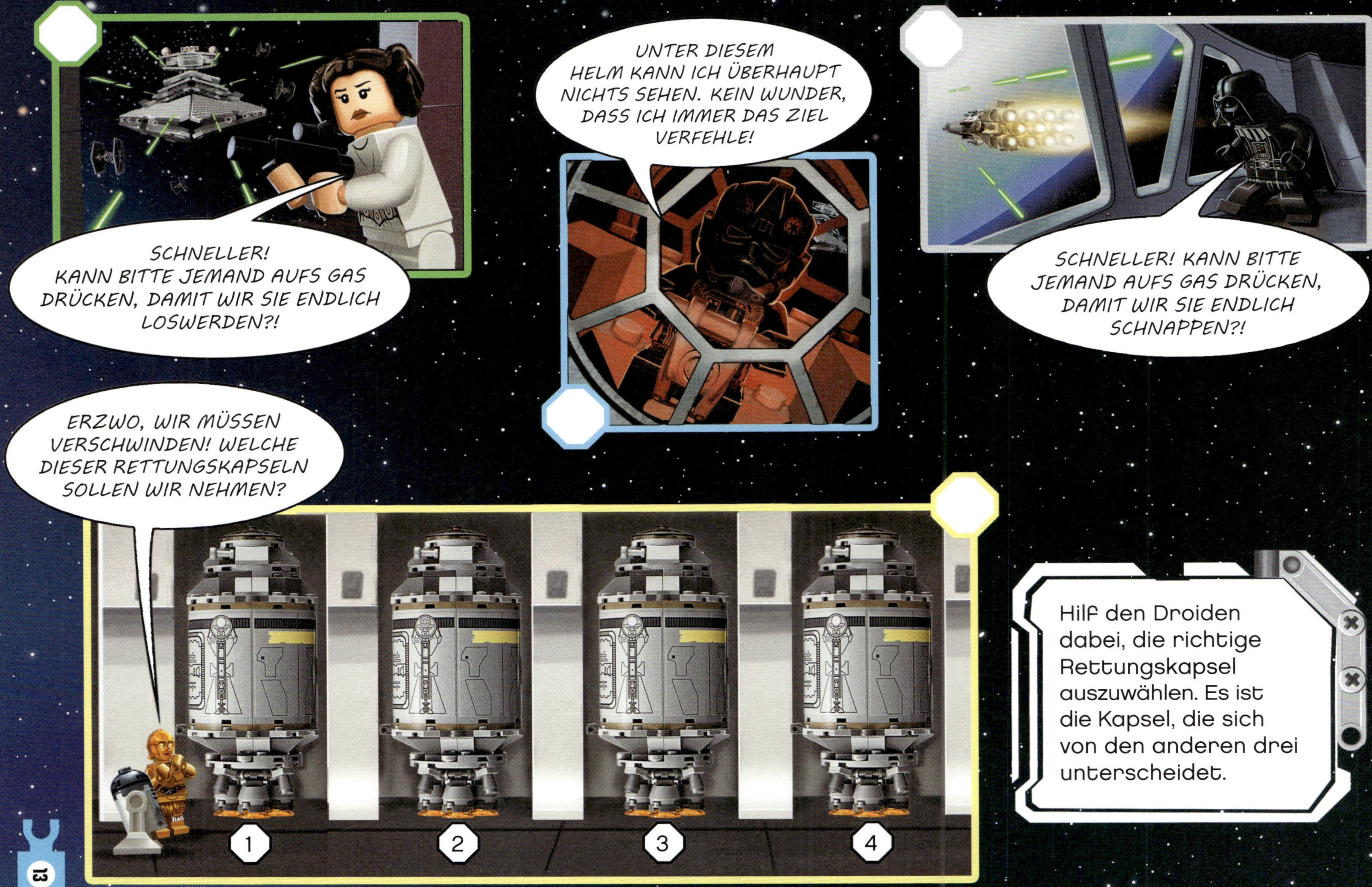

SCHNELLER! KANN BITTE JEMAND AUFS GAS DRÜCKEN, DAMIT WIR SIE ENDLICH SCHNAPPEN?!

Hilf den Droiden dabei, die richtige Rettungskapsel auszuwählen. Es ist die Kapsel, die sich von den anderen drei unterscheidet.

UNTER DIESEM HELM KANN ICH ÜBERHAUPT NICHTS SEHEN. KEIN WUNDER, DASS ICH IMMER DAS ZIEL VERFEHLE!

SCHNELLER! KANN BITTE JEMAND AUFS GAS DRÜCKEN, DAMIT WIR SIE ENDLICH LOSWERDEN?!

ERZWO, WIR MÜSSEN VERSCHWINDEN! WELCHE DIESER RETTUNGSKAPSELN SOLLEN WIR NEHMEN?

13

RESISTANCE BOMBER

Dieser Bomber ist eines der besten Raumschiffe, das ich je geflogen habe. Meine Pilotenkollegen können sich aber nicht entscheiden, ob Bomber oder X-Flügler cooler sind. Zähle die Raumschiffe, die du hier sehen kannst, und finde heraus, welche Art für diese Mission am häufigsten genutzt wurde. Setze ein Häkchen bei der richtigen Antwort unten auf der Seite.

ZIEHE EINE GERADE LINIE ZWISCHEN DEN CODES, DIE GENAU GLEICH AUSSEHEN. DAS DREIECK, DAS DABEI ENTSTEHT, MARKIERT DAS PERFEKTE ZIEL FÜR UNSERE BLASTER.

OBI-WANS JEDI INTERCEPTOR

Gerüchten zufolge war Obi-Wan Kenobi nie scharf aufs Fliegen. Wieso nur, wenn er doch so ein abgefahrenes Raumschiff zur Verfügung hatte? Zähle die Buzz-Droiden, die es auf Obi-Wan abgesehen haben, und trage die Anzahl in das Kästchen ein.

Komisch ... Einer der Buzz-Droiden sieht ganz anders aus als die anderen. Kannst du herausfinden, welcher?

DIE RUHMESHALLE

Zeit für eine kleine Geschichtsstunde mit Finn. Dies ist die Ruhmeshalle der Fliegerasse. Moment mal ... die Raumschiffe sollten doch genau neben ihren berühmten Steuermännern stehen. Verbinde die passenden Bilder miteinander, indem du die richtigen Nummern neben den Piloten in die Kästchen bei den Raumschiffen einträgst.

X-FLÜGLER (REBELLEN-ALLIANZ)

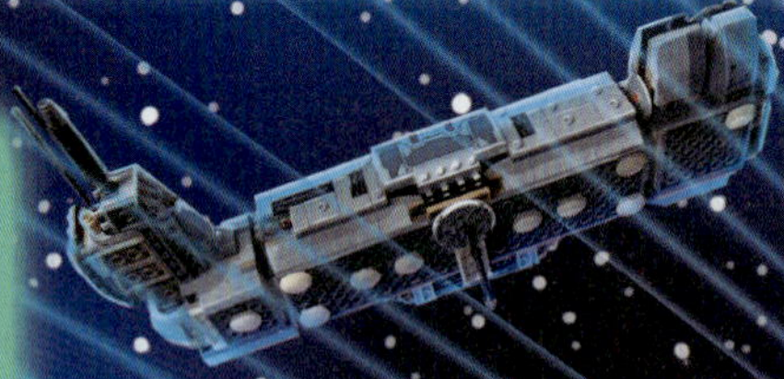

TIE-JÄGER (ERSTE ORDNUNG)

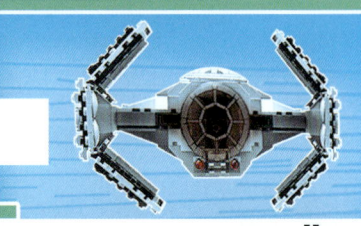

TIE-TURBOSTERNJÄGER

DER MILLENNIUM FALKE

DAS IST KINDERLEICHT. DIE FORM DER JEWEILIGEN BILDER IST DIE GLEICHE.

1 LUKE SKYWALKER

2 CHEWBACCA & HAN SOLO

3 DARTH VADER

X-FLÜGLER (WIDERSTAND)

4 KYLO REN

5 POE DAMERON

WOW, COOLE RUHMESHALLE. ICH FINDE, REY SOLLTE HIER AUCH VERTRETEN SEIN.

KYLO RENS TIE-JÄGER

Dieses Flugobjekt sieht ganz schön gruselig aus, aber es lässt sich ausgezeichnet steuern und fliegt fantastisch. Schade, dass es dem größten Fiesling der Galaxis gehört – Kylo Ren. Hilf der Besatzung des Bombers und leite ihren Torpedo durch das Laserlabyrinth direkt zu Kylos TIE-Jäger.

ZIEL

START

Hurra, du hast es geschafft! Kylo sah gar nicht glücklich aus, als du seinen Sternenjäger getroffen hast. Kreise das Gesicht ein, das am besten dazu passt.

A B C

DER PERFEKTE FLUCHTPLAN

Poe Dameron, der beste Pilot des Widerstands, wurde von den Truppen der Ersten Ordnung gefangengenommen. Gerade wird er zu einer der Gefängniszellen gebracht …

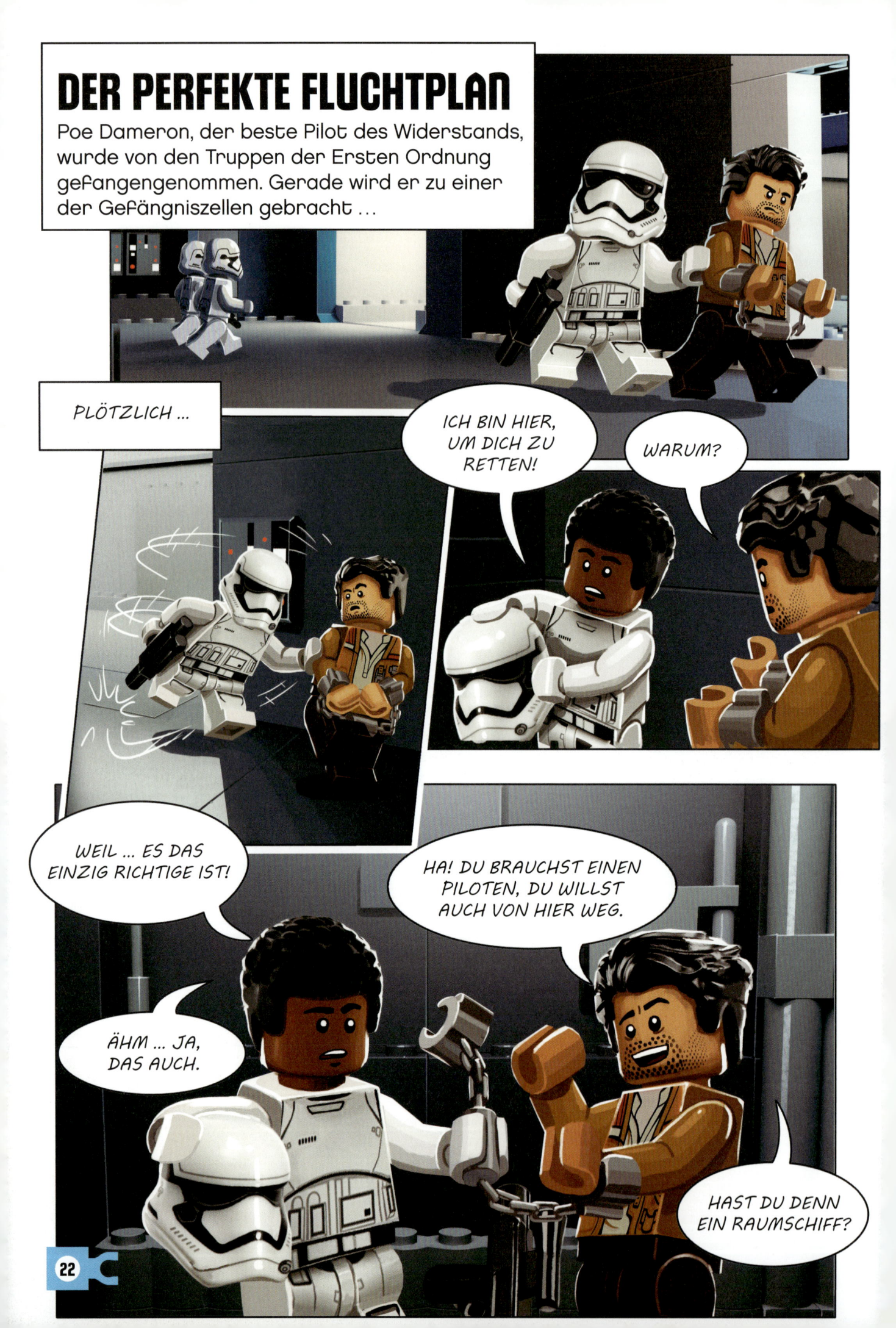

PLÖTZLICH …

ICH BIN HIER, UM DICH ZU RETTEN!

WARUM?

WEIL … ES DAS EINZIG RICHTIGE IST!

HA! DU BRAUCHST EINEN PILOTEN, DU WILLST AUCH VON HIER WEG.

ÄHM … JA, DAS AUCH.

HAST DU DENN EIN RAUMSCHIFF?

JA, KOMM MIT.

GENAU HIER.

ICH HABE ES SELBST GEBAUT, WÄHREND MEINER LETZTEN MITTAGSPAUSE.

NUN JA ... ICH GLAUBE, ES IST ETWAS KLEIN GERATEN.

TIE-JÄGER

Dies sind gegnerische Sternenjäger, die sich normalerweise in großen Gruppen bewegen. Man kann sie leicht außer Gefecht setzen. Für ihre Steuerung benötigt man keine besonderen Fliegerqualitäten. Sogar Finn kann das! Finde den TIE-Jäger, in dem er gerade sitzt.

WIR SIND NUR SO LEICHT ZU TREFFEN, WEIL WIR COOL AUSSEHEN!

Einige Jäger wurden bereits getroffen. Kannst du die Raumschiffe finden, die diese Teile verloren haben?

A B C D

Y-FLÜGLER

Mit den Y-Flüglern haben die Rebellen dem Galaktischen Imperium schon oft die Stirn geboten. Man kann sie mit einem einfachen Trick in kleinere Raumschiffe umbauen. Denk dir ein weiteres Modell aus, das man mit den restlichen Teilen eines Y-Flüglers bauen kann.

HA! UNSERE RAUMSCHIFFE SIND GENAUSO ÜBERRASCHEND UND VIELSEITIG WIE WIR REBELLEN!

RAUMSCHIFF-QUIZ

1. Wer hat den X-Flüger aus dem Sumpf auf Dagobah gezogen?
   a) Luke Skywalker
   b) Meister Yoda
   c) R2-D2

2. Wie lautet der Name der bedrohlichsten Raumschiffe der Galaxis?
   a) Jedi Interceptor
   b) TIE-Jäger
   c) Sternenzerstörer

3. Welches Raumschiff benutzte Boba Fett?
   a) Die *Sklave I*
   b) Die *Tantive IV*
   c) Den *Millennium Falken*

4. Welche Geheimpläne hatte Prinzessin Leia bei sich auf ihrer gefährlichen Mission?
   a) Die Pläne des Todessterns
   b) Die Pläne des TIE-Turbosternjägers
   c) Die Pläne eines Sternenzerstörers

5. Welche Beschreibung passt zu Kylo Rens TIE-Jäger?
   a) Er sieht gruselig aus, aber fliegt sich fantastisch.
   b) Er sieht entzückend aus, aber fliegt sich schrecklich.
   c) Er sieht langweilig aus und fliegt sich mittelmäßig.

6. Wer hat Poe Dameron aus den Fängen der Ersten Ordnung gerettet?
   a. Han Solo
   b. Rey
   c. Finn

7. Welche Raumschiffart fliegt meistens in großen Gruppen auf ihren Missionen?
   a) X-Flügler
   b) TIE-Jäger
   c) Y-Flügler

WOHER WEISST DU SO VIEL ÜBER RAUMSCHIFFE, POE?

WENN ICH NICHT FLIEGE, LESE ICH BÜCHER ÜBER RAUMSCHIFFE. ODER ICH BAUE HOLO-RAUMSCHIFFMODELLE. ICH ZEIGE DIR, WIE DAS GEHT.

LÖSUNGEN

SEITE 2–3

SEITE 6–7

SEITE 8–9

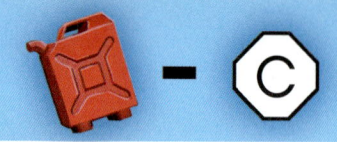

SEITE 10–11

MANCHE RÄTSEL WAREN ZIEMLICH SCHWIERIG. WIE VIELE DAVON HAST DU RICHTIG GELÖST?

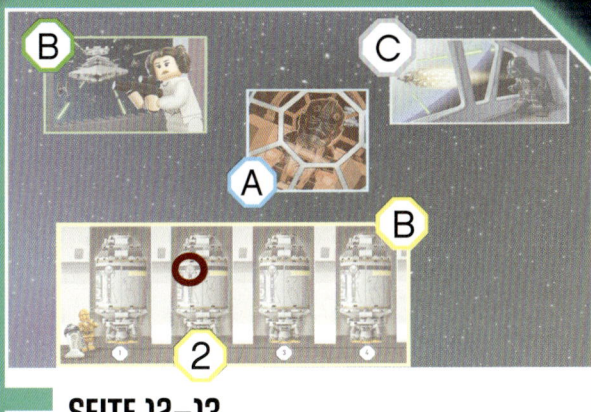

SEITE 12–13

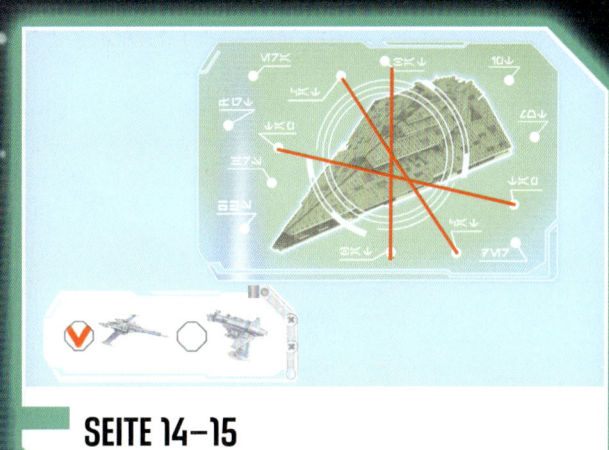

SEITE 14–15

SEITE 16–17

SEITE 18–19

1. LUKE SKYWALKER – X-FLÜGLER (REBELLEN-ALLIANZ)
2. CHEWBACCA & HAN SOLO – DER *MILLENNIUM FALKE*
3. DARTH VADER – TIE-TURBOSTERNJÄGER
4. KYLO REN – TIE-JÄGER (ERSTE ORDNUNG)
5. POE DAMERON – X-FLÜGLER (WIDERSTAND)

SEITE 20–21

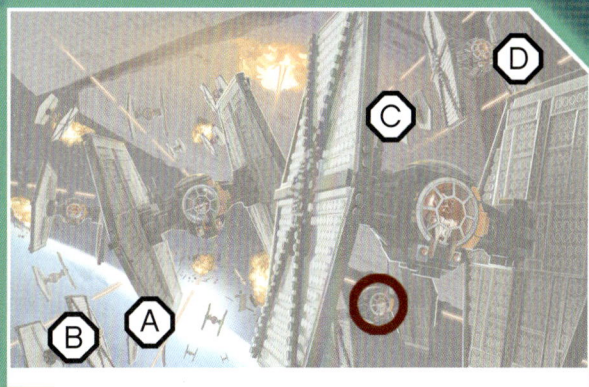

SEITE 24–25

SEITE 28–29

1 – b, 2 – c, 3 – a, 4 – a, 5 – a, 6 – c, 7 – b

ALSO WIRKLICH, JUNGS. HABT IHR NICHTS WICHTIGERES ZU TUN? DIE GALAXIS RETTET SICH NICHT VON ALLEIN!